This Book Belongs to:

____

____

____

~ GRILLY OLIVE PRESS

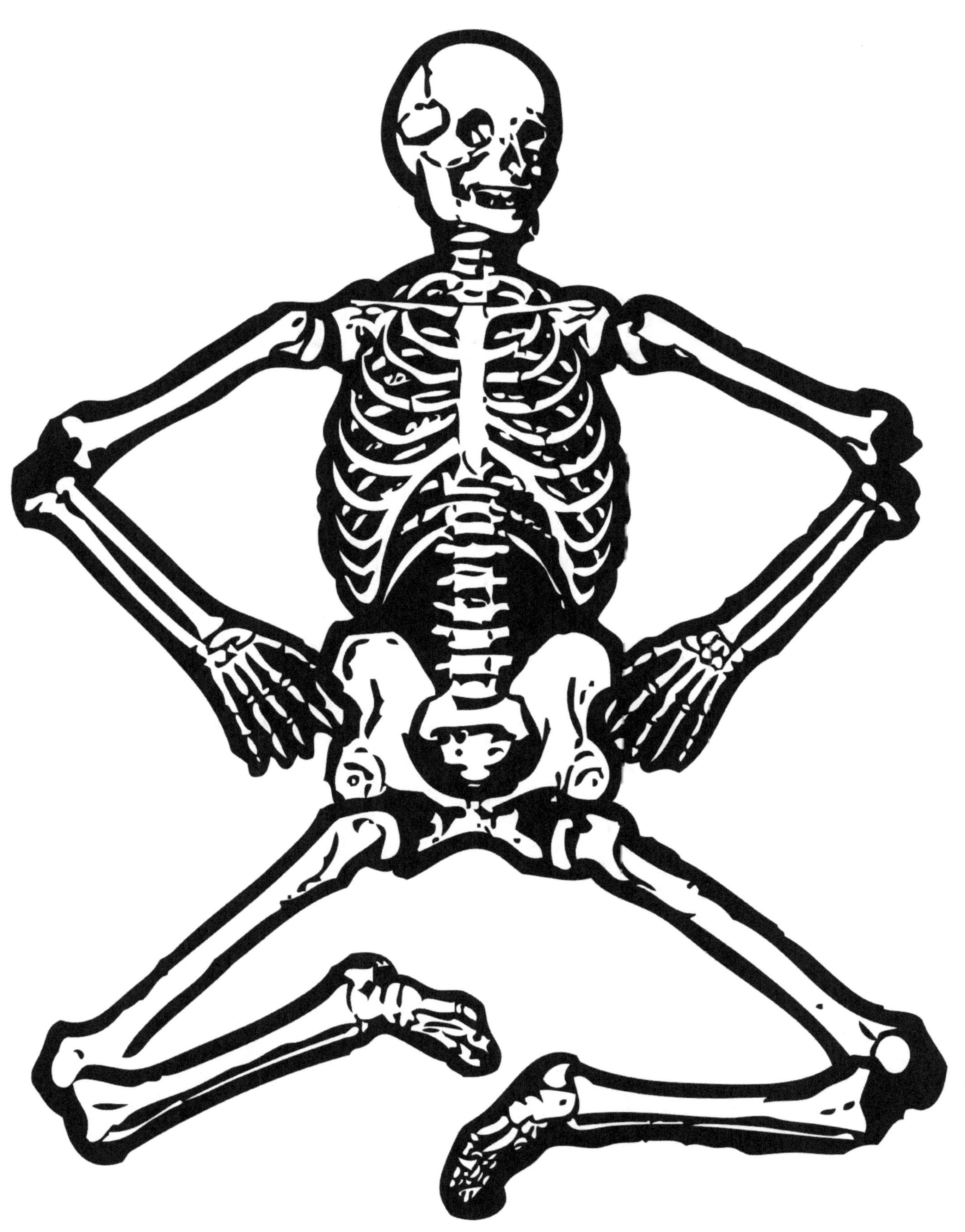

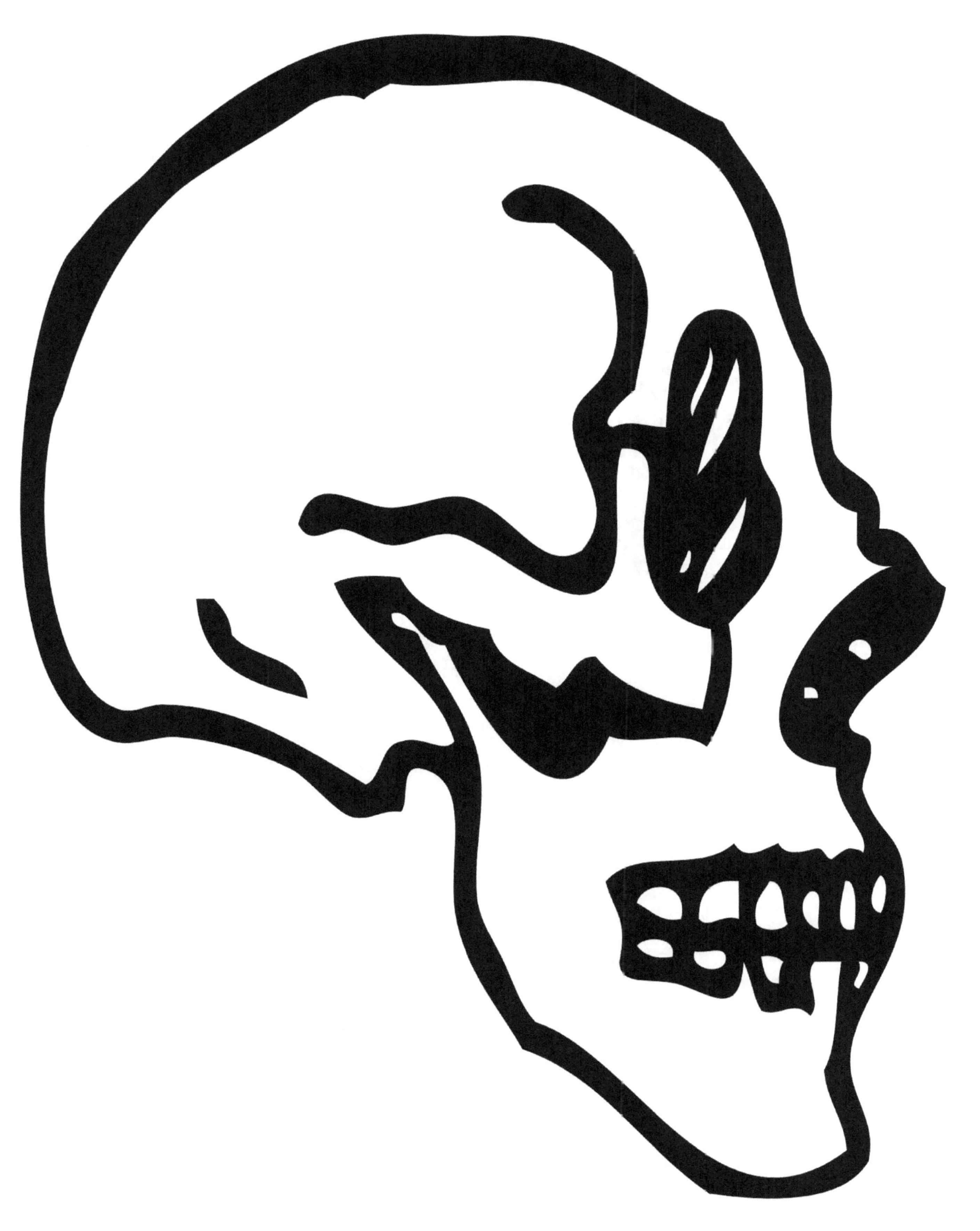

HAPPY HALLOWEEN

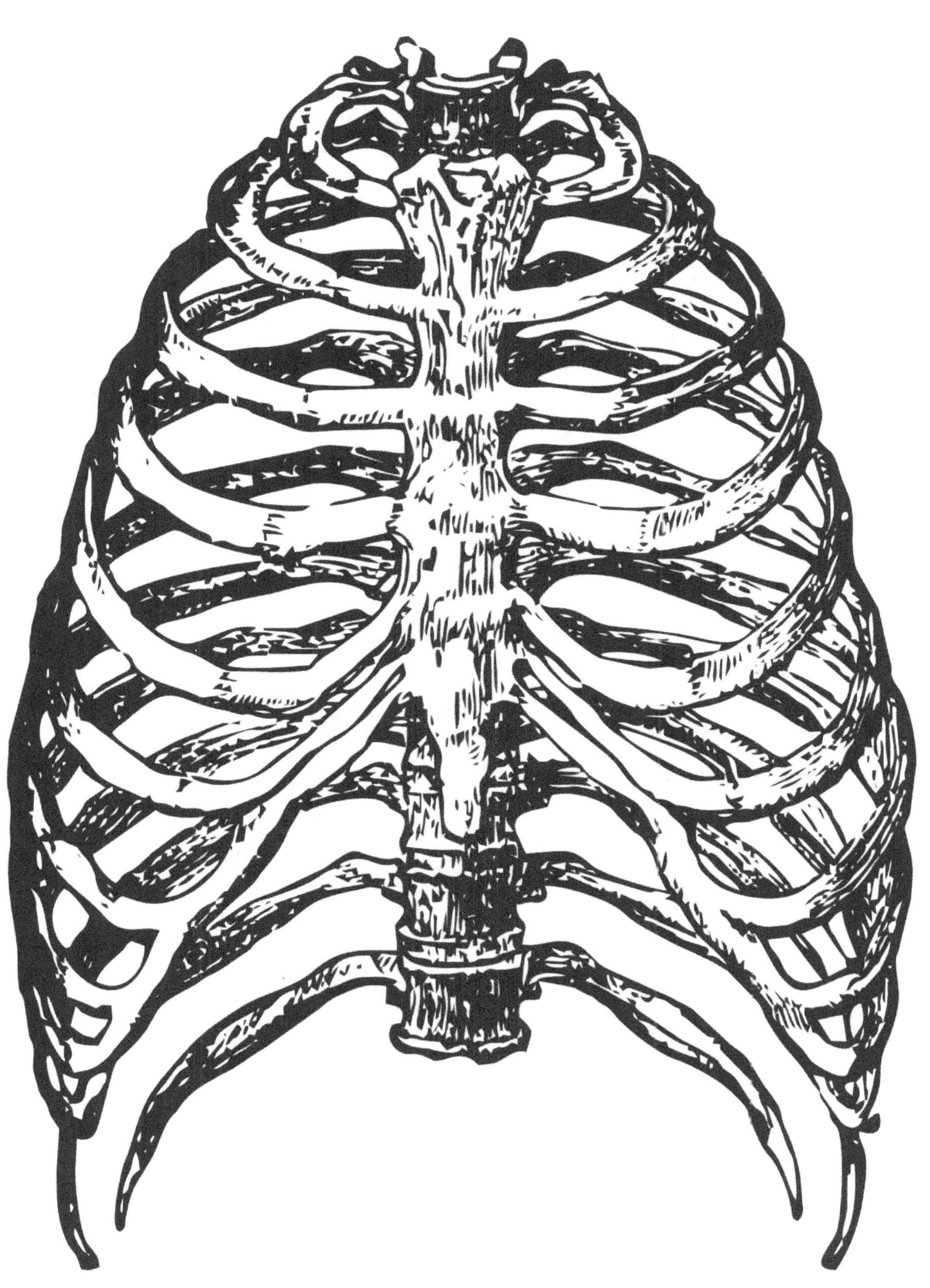

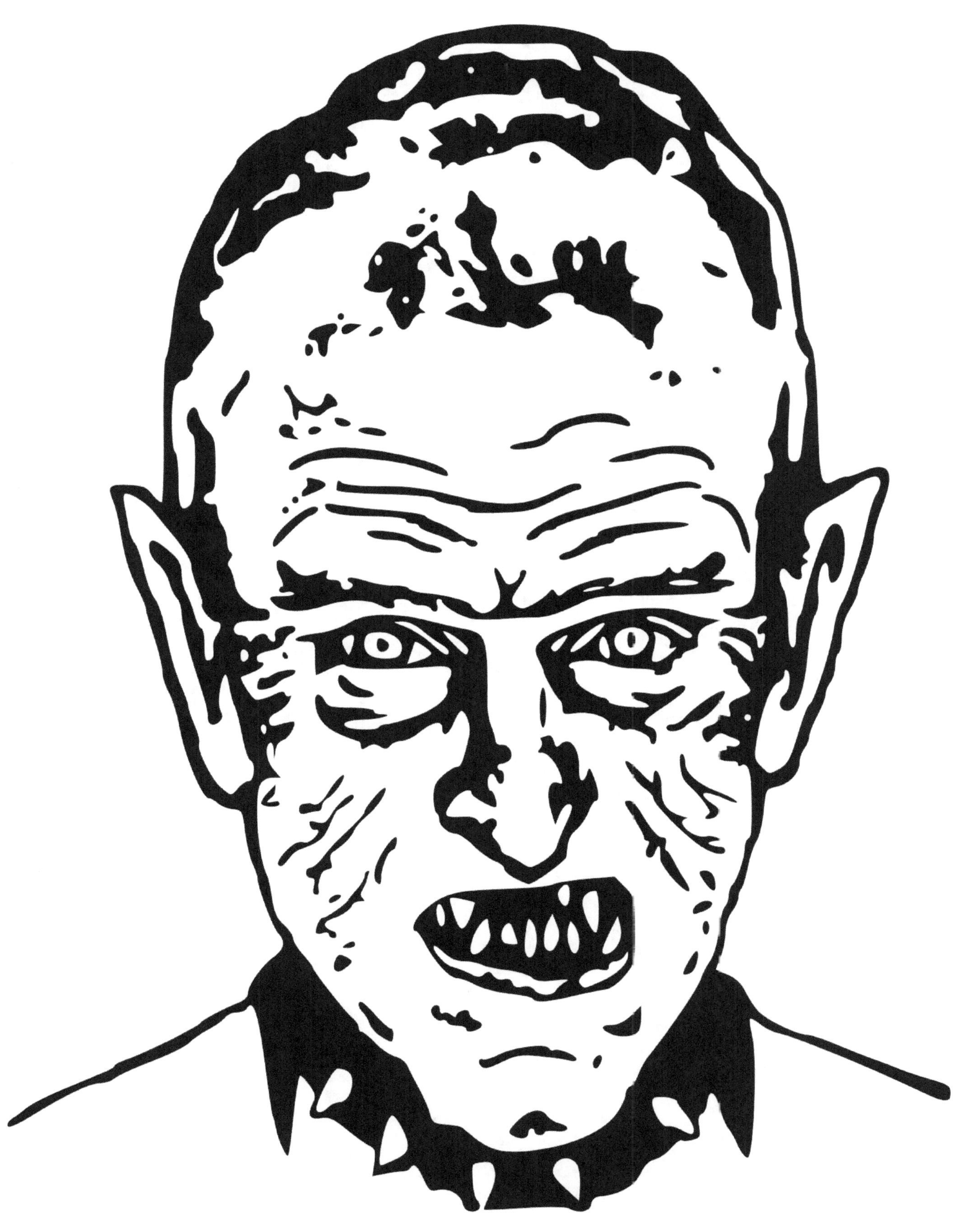

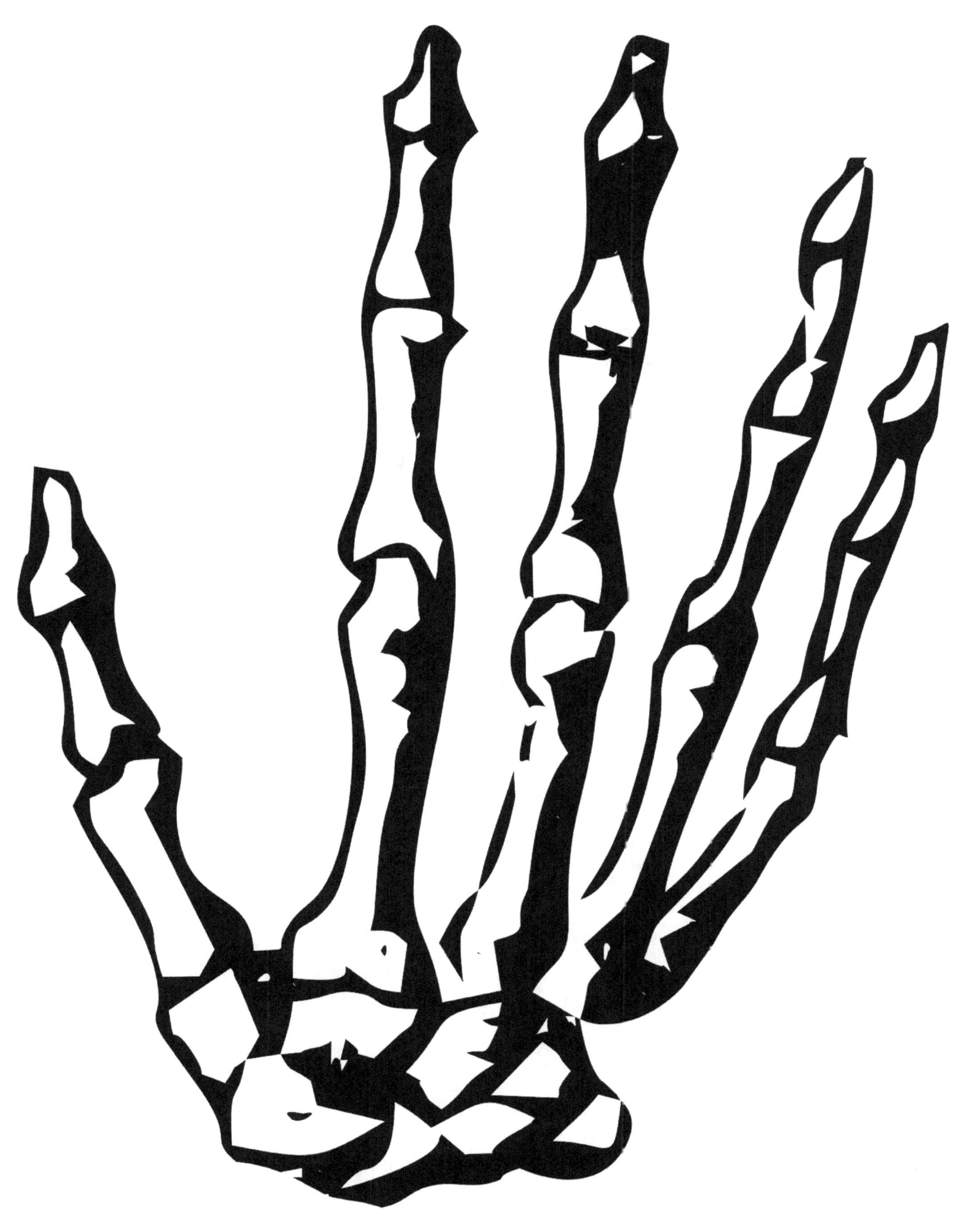

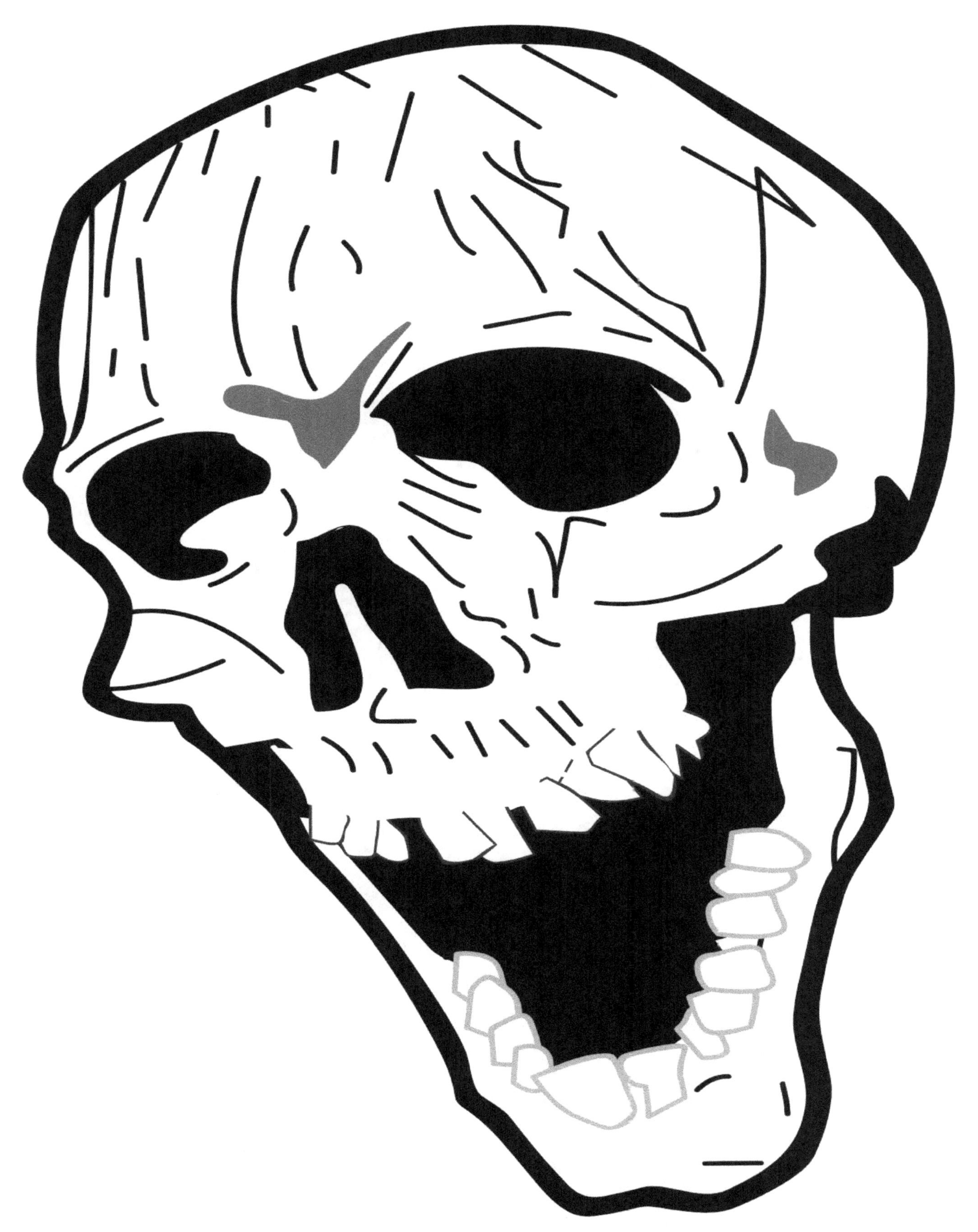

Boo

Boooo

Spooky

Happy
Halloween